中国铁建股份有限公司企业标准

邻近铁路营业线工程智慧监测
技术规程

Technical Specification for Intelligent Monitoring of Adjacent Railway
Business Line Projects

Q/CRCC 12503—2024

主编单位：中铁上海设计院集团有限公司
　　　　　中铁二十四局集团有限公司
批准单位：中国铁建股份有限公司
施行日期：2025 年 5 月 1 日

人民交通出版社
2025 · 北京

图书在版编目（CIP）数据

邻近铁路营业线工程智慧监测技术规程／中铁上海设计院集团有限公司，中铁二十四局集团有限公司主编．北京：人民交通出版社股份有限公司，2025.3.
ISBN 978-7-114-20286-5

Ⅰ．U215.8-65

中国国家版本馆 CIP 数据核字第 2025SU1268 号

标准类型：中国铁建股份有限公司企业标准
标准名称：**邻近铁路营业线工程智慧监测技术规程**
标准编号：Q/CRCC 12503—2024
主编单位：中铁上海设计院集团有限公司
　　　　　中铁二十四局集团有限公司
责任编辑：曲　乐　赵慧琰
责任校对：赵媛媛　魏佳宁
责任印制：张　凯
出版发行：人民交通出版社
地　　址：(100011) 北京市朝阳区安定门外外馆斜街 3 号
网　　址：http：//www. ccpcl. com. cn
销售电话：(010) 85285857
总 经 销：人民交通出版社发行部
经　　销：各地新华书店
印　　刷：北京武英文博科技有限公司
开　　本：880×1230　1/16
印　　张：3.75
字　　数：84 千
版　　次：2025 年 3 月　第 1 版
印　　次：2025 年 3 月　第 1 次印刷
书　　号：ISBN 978-7-114-20286-5
定　　价：35.00 元

(有印刷、装订质量问题的图书，由本社负责调换)

中国铁建股份有限公司文件

中国铁建科数〔2024〕168 号

关于发布《垦造水田技术标准》等 9 项
中国铁建企业技术标准的通知

所属各二级单位，各区域总部，各直管项目部：

现批准发布《垦造水田技术标准》（Q/CRCC 92301—2024）、《绿色与智慧矿山建设技术规程》（Q/CRCC 72301—2024）、《山地轨道交通齿轨道岔制造技术条件》（Q/CRCC 33308—2024）、《交通工程绿色施工与评价标准》（Q/CRCC 23501—2024）、《全断面岩石掘进机法铁路隧道工程地质勘察技术规程》（Q/CRCC 12101—2024）、《既有铁路换梁施工技术规程》（Q/CRCC 13205—2024）、《隧道施工近景摄影测量技术规程》（Q/CRCC 12504—2024）、《邻近铁路营业线工程智慧监测技术规程》（Q/CRCC 12503—2024）、《铁路工程测量北斗地基增强系统建设与应用规程》（Q/CRCC 12502—2024），自 2025 年 5 月 1 日起实施。

以上标准由人民交通出版社股份有限公司出版发行。

中国铁建股份有限公司
2024 年 12 月 11 日

中国铁建股份有限公司办公室（党委办公室）　　　　2024 年 12 月 11 日印发

前　言

根据中国铁建股份有限公司《关于印发 2023 年中国铁建企业技术标准编制计划的通知》（中国铁建科创〔2023〕27 号）的要求，由中铁上海设计院集团有限公司、中铁二十四局集团有限公司共同编制完成。

规程编制过程中，编制组进行了深入调查研究，系统地总结工程实践经验，广泛征求有关单位和专家意见，并与相关标准进行了协调。本规程经反复讨论、修改，由中国铁建股份有限公司科技创新与数字化部审查定稿。

规程共分 5 章和 1 个附录，主要技术内容包括：1 总则；2 术语；3 基本规定；4 智慧监测要求；5 邻近施工智慧监测平台。

本规程由中铁上海设计院集团有限公司、中铁二十四局集团有限公司负责具体技术内容的解释，由中国铁建股份有限公司科技创新与数字化部负责管理。规程执行过程中如有意见或者建议，请寄送中铁上海设计院集团有限公司（地址：上海市静安区天目中路 291 号；邮编：200072），以供今后修订时参考。

主 编 单 位：中铁上海设计院集团有限公司
中铁二十四局集团有限公司

主要起草人员：任文博　陈　军　帅明明　杨湘军　刘逸敏　向　科
范先铮　孙盼盼　徐晶鑫　钱　进　杨依彬　王未来
焦雄风　金乐乐　刘玉辉　陈曦林　秦　一　王　星
董景超　王庆峰　陈世权　辛梓聪　邓　君　许晶晶
赵洪峰　余小冬

主要审查人员：王晓凯　杨建刚　王　胜　刘　飞　曹　晖　郭春生
刘建国　李凤伟　刘建红　许兆俊　陈东巨　陈怀智
秦立新　戴培新　侯　悦　李　瑾　许伟书　杜　伟
王　星

目　　次

Contents

1 总则

1.0.1 为指导邻近铁路营业线工程施工期间铁路运营设备设施及影响范围内周边环境的智慧监测，制定本规程。

条文说明

邻近铁路营业线施工变形监测是指邻近铁路营业线施工期间影响铁路运营设备设施的变形监测，包括沉降监测、水平位移监测、隧道爆破振速监测、裂缝监测等。对于邻近高铁和普速正线（开行15对以上列车）的施工项目，需对工务设备进行第三方变形监测，主要包括线路中心30m范围内基坑开挖项目、线路中心30m范围内桩基施工项目、盾构穿越、便梁架空（8m孔径以上立交顶进）、桥下河道拓宽改造等施工项目等。其他可能影响铁路路基、隧道、桥梁结构稳定的，需要进行第三方变形监测的施工项目，在施工方案审查会议纪要中予以明确。

1.0.2 邻近铁路营业线工程智慧监测应做到方案合理、方法可靠、预警准确、报警及时。

1.0.3 邻近铁路营业线工程智慧监测应积极推广新技术、新工艺、新材料和新设备。

1.0.4 邻近铁路营业线工程智慧监测工作应认真贯彻安全生产方针，结合各阶段工程特点和具体情况，制定相应的安全生产措施。

1.0.5 邻近铁路营业线工程智慧监测除应符合本规程外，尚应符合现行国家和行业有关标准的规定。

2 术语

2.0.1 邻近铁路营业线工程 constructions near operating railway line projects

邻近铁路营业线工程简称"邻近施工"，是指在邻近铁路营业线一定范围内，影响或可能影响铁路运营设备设施稳定、使用和行车安全的施工作业。

条文说明

邻近铁路营业线的上跨、下穿及近距离并行等施工，主要包括基坑开挖、路基填筑、隧道掘进（矿山法隧道、盾构法隧道、顶管、非开挖埋管等）、桥梁架设、桩基施工、降水、重型机械作业、临时堆载、河道拓宽及疏浚等施工作业。

2.0.2 铁路运营设备设施 railway operation infrastructures and facilities

铁路工务（包括桥梁、隧道、路基、轨道等）、供电、电务、信号等设备设施，以及站台、站房、人行天桥、地道等关系铁路运营安全的建（构）筑物。

2.0.3 邻近施工影响区 influence zone of railway resulting from nearby constructions

邻近铁路营业线施工可能引起铁路基础设施、工程周边环境等发生变形、运营设备干扰和对行车安全造成隐患的区域。

2.0.4 周边环境影响区 surrounding environmental impact area

施工周围可能受邻近施工影响的或可能影响邻近施工的既有建（构）筑物、设施、管线、道路、岩土体及水系等区域统称。

2.0.5 智慧监测 intelligent monitoring

使用智能仪器或者传感器量测等手段，对邻近铁路营业线工程及周边环境的安全状况变化进行检查、量测、监视，利用计算机软件以及"大数据""云计算""数据通信""物联网"等技术对数据完成采集、分析、反馈，实现对各种环境和设施的实时自动化监测及智能预警。

2.0.6 监测控制值 limit value of monitoring

为确保监测对象的安全，对监测对象变形量所设定的监控值，用以判断铁路运营设备设施是否出现变形超限。

2.0.7 监测报警值 warning of monitoring

为确保监测对象的安全，对监测对象变形量所设定报警值，为监测控制值的 80%，用以警告铁路运营设备设施变形量需关注。

2.0.8 监测预警值 early warning value of monitoring

为确保监测对象的安全，对监测对象变形量所设定预警值，为监测控制值的 60%，用以判断铁路运营设备设施变形是否出现异常。

2.0.9 邻近施工智慧监测平台 intelligent monitoring platform for rail-related projects

邻近铁路营业线工程智慧监测数据的存储与处理、预警与报警、发布与反馈等数字化、网络化的操作平台邻近施工。

2.0.10 智能测斜仪 mobile intelligent inclinometer

配置智能采集传输模块，采用测斜传感器，并将深层水平位移测量数据自动传输到智慧监测平台的设备。

2.0.11 智能全站仪 intelligent total station

配置智能采集传输模块，可实现多个目标的自动识别、照准与测量功能，并将测量数据自动传输到智慧监测平台的设备，又称测量机器人。

2.0.12 智能静力水准仪 intelligent hydrostatic level

配置智能采集传输模块，由多个静力水准仪连接形成的高精度液位测量系统，并将各测点相对基准点竖向位移测量数据自动传输到智慧监测平台的设备。

2.0.13 智能倾角仪 intelligent inclinometer

配置智能采集传输模块，采用智能化传感器进行倾角测量，并将测量数据自动传输到智慧监测平台的设备。

2.0.14 智能应力应变计 intelligent strain gauge

配置智能采集传输模块，将孔隙水压力计、轴力计、钢筋计、混凝土应变计、表面应变计和土压力计等测量的数据自动传输到智慧监测平台的设备。

2.0.15 智能渗压计 intelligent osmometer

配置智能采集传输模块，将各种地质环境深层渗水压力测量数据自动传输到智慧监测平台的设备。

2.0.16　智能测振仪　intelligent vibration meter

　　配置智能采集传输模块，将被测固体介质的振动速度和振动加速度测量数据自动传输到智慧监测平台的设备。

2.0.17　智能裂缝计　intelligent crack gauge

　　配置智能采集传输模块，将建（构）筑物裂缝宽度测量数据自动传输到智慧监测平台的设备。

2.0.18　智能位移计　intelligent displacement meter

　　配置智能采集传输模块，将被测物位移测量数据自动传输到智慧监测平台的设备。

2.0.19　卫星定位测量　global navigation satellite system survey

　　利用 2 台及以上卫星定位接收机同时接收全球导航卫星系统信号以确定地面点相对位置的测量方法，简称 "GNSS 测量"。

3 基本规定

3.0.1 邻近铁路营业线工程监测项目、监测点布置、监测方法及精度要求、监测报警值、频率、数据上传应符合设计要求和现行铁路标准等有关规定。

3.0.2 邻近铁路营业线工程监测方案编制前，应搜集工程勘察报告、邻近施工设计文件、施工方案、铁路运营设备设施情况和对铁路营业线影响的评估报告及历史监测资料。

条文说明

　　监测单位在现场踏勘、资料收集阶段进行的工作包括：获取邻近施工的工程图纸与安全评估报告，了解邻近施工的施工组织设计与工序安排；分析工程水文地质报告，了解软弱地层、粉细砂层、承压水层、断裂带等分布；收集影响范围内的铁路运营设备设施现状等资料，在设计和安全评估单位征询铁路运输企业的保护需求基础上，明确需要监测的对象和变形控制要求；现场确认邻近施工与铁路运营设备设施的空间位置关系，并与铁路运输企业商定监测点的布置方案。

3.0.3 邻近铁路营业线工程监测工作应由具备相应资质和能力的单位承担。监测单位应编制智慧监测专项方案，经报审批准后实施，方案包括下列内容：
　1 工程概况。
　2 本监测项目目的、依据及重点、难点分析。
　3 组织机构、仪器设备和人员配置。
　4 监测范围、等级、方法和频率。
　5 基准网、测点布设、监测流程等工作内容。
　6 智慧监测数据发布与反馈。
　7 保证监测质量的对策和措施。
　8 应急及安全保障措施。
　9 拟提交的监测成果。

3.0.4 邻近铁路营业线工程监测方法应根据项目特点、监测对象、监测等级、设计要求、精度要求和场地条件等因素综合确定，做到合理可行。

3.0.5 邻近施工设计或施工方案有重大变更时，应及时调整监测方案。

3.0.6 邻近施工智慧监测平台宜实现监测数据在线分析及可视化展示。

3.0.7 邻近施工监测实施期间，监测单位须对监测设备采取保护措施，有条件时可布设远程安防系统。

3.0.8 智能监测设备安装后，智慧监测平台投入使用前，须完成现场调试，确保邻近铁路营业线工程监测系统正常运行。当出现下列情况时，应对监测设备进行检查，并对监测数据进行校核：
1 设备碰撞、跌落、损坏。
2 电力供给设施出现故障。
3 监测数据上传异常。

3.0.9 邻近铁路营业线工程智慧监测宜全自动化实施。当采用半自动化监测时，人工监测环节的数据须及时上传平台并进行综合处理分析。

3.0.10 邻近铁路营业线工程监测数据管理应符合下列规定：
1 数据应真实、有效，并做好原始数据的保存工作。
2 监测数据管理分正常、预警、报警和超限四个级别，预警值、报警值及控制值应严格按照经审批的监测方案执行。
3 定期提交阶段性报告，数据异常时应提交快报。
4 建立数据反馈及异常情况处理工作机制。

3.0.11 承担邻近铁路营业线工程智慧监测单位，应有计划地进行人工比测，满足对现有数据结果的校验。

3.0.12 邻近铁路营业线工程监测应编制总结报告，主要包括下列内容：
1 邻近施工及铁路营业线概况。
2 工程地质条件及周边环境条件。
3 设计方案执行情况。
4 邻近铁路营业线工程智慧监测数据分析。
5 结论与建议。

3.0.13 邻近施工安全监测范围、监测等级、监测方法、监测频率、监测预警值、报警值及控制值等可按高速铁路、普速铁路分类确定，城际铁路宜按高速铁路标准执行，根据邻近施工对铁路运营设备设施的影响程度分为主要影响区、一般影响区和次要影响区。

4 智慧监测要求

4.1 一般规定

4.1.1 下列情形下应实施邻近铁路营业线工程智慧监测：

1 邻近施工营业线施工监测频率要求较高。

2 现场难以实施人工监测。

3 邻近运营高速铁路的施工。

4 其他有特殊要求的邻近铁路营业线工程。

4.1.2 邻近施工影响区范围应根据铁路营业线等级、地质条件和工程类别等因素综合确定，并可根据邻近施工对铁路运营设备设施的影响程度分为主要影响区、一般影响区和轻微影响区。

1 基坑工程的邻近施工影响区范围可按表4.1.2-1确定。

表 4.1.2-1 基坑工程的邻近施工影响区范围要求

铁路等级	邻近铁路施工影响区	区域划分范围认定
普速铁路	主要影响区	基坑周边 $0.7H$ 范围内
	一般影响区	基坑周边（0.7~3.0）H 范围内
	轻微影响区	基坑周边（2.0~4.0）H 范围内
高速铁路	主要影响区	基坑周边 H 范围内
	一般影响区	基坑周边（1.0~4.0）H 范围内
	轻微影响区	基坑周边（3.0~5.0）H 范围内

注：1. H 表示基坑开挖深度（m）。

2. 对于地质复杂程度、工程风险较高的工程应进行专项评估以确定邻近施工影响区范围。

2 隧道工程的邻近施工影响区范围可按表4.1.2-2确定。

表 4.1.2-2 隧道工程的邻近施工影响区

铁路等级	邻近施工影响区	区域范围	
		邻近施工隧道横向	邻近施工隧道纵向
普速铁路	主要影响区	隧道正上方至竖向位移曲线反弯点 $1.5i$ 范围内	距离隧道施工面（1.0~2.0）（$H+D$）范围内
	一般影响区	隧道竖向位移曲线反弯点 $1.5i$ 至竖向位移曲线边缘 $2.5i$ 处	距离隧道施工面（1.0~3.0）（$H+D$）范围内

表 4.1.2-2（续）

铁路等级	邻近施工影响区	区域范围	
		邻近施工隧道横向	邻近施工隧道纵向
普速铁路	轻微影响区	隧道竖向位移曲线边缘（2.5～4）i 处	距离隧道施工面（2.0～4.0）$(H+D)$ 范围内
高速铁路	主要影响区	隧道正上方（1.0～2.0）$(H+D)$ 范围内	距离隧道施工（2.0～3.0）$(H+D)$ 范围内
	一般影响区	距隧道正上方（1.0～2.0）$(H+D)$ 至 3.0 $(H+D)$ 范围内	距离隧道施工面（2.0～4.0）$(H+D)$ 范围内
	轻微影响区	距离隧道正上方 3.0 $(H+D)$ 至 4.0 $(H+D)$ 范围内	距离隧道施工面（4.0～5.0）$(H+D)$ 范围内

注：1. i 为隧道地表竖向位移曲线 Peck 计算公式中的竖向位移槽宽度系数（m），H 为隧道覆土厚度（m），D 为隧道直径或等效直径（m）。
　　2. 对于风险、复杂程度较高的工程应进行专项评估以确定邻近施工影响区范围。

3　大面积降水、桩基施工、顶进桥涵以及路基填挖方等工程的邻近施工影响区应由设计或安全评估单位确定。

4.1.3　邻近施工智慧监测应根据铁路营业线等级、监测对象重要程度以及邻近施工影响区范围进行分级实施，可按表 4.1.3 划分。

表 4.1.3　监测等级分类要求

邻近施工影响区监测等级分类	监测区域			
	高速铁路		普速铁路	
	主要影响区监测对象	一般影响区监测对象	主要影响区监测对象	一般影响区监测对象
主要影响区	一等	三等	一等	三等
一般影响区	一等	三等	二等	三等
次要影响区	二等	三等	三等	三等

4.1.4　邻近铁路营业线工程监测水平及竖向位移监测精度要求应符合表 4.1.4-1 和表 4.1.4-2 的规定。

表 4.1.4-1　水平位移监测精度要求

中误差	监测等级		
	一等	二等	三等
监测点坐标中误差	≤0.6mm	≤0.8mm	≤1.2mm

表 4.1.4-2　竖向位移监测精度要求

中误差	监测等级		
	一等	二等	三等
监测点高差中误差	≤0.3mm	≤0.5mm	≤1.0mm

条文说明

监测点高差中误差是指相应精度与视距的水准测量单程一测站的高差中误差；监测点坐标中误差是指监测点相对测站点（如工作基点等）的坐标中误差，为点位中误差的 $1/\sqrt{2}$。

4.1.5　邻近铁路营业线工程监测当采用独立系统时，须在技术设计书和技术报告书中明确说明。

4.1.6　邻近铁路营业线工程监测项目基准点、工作基点布置应符合下列规定：

1　基准点应设置在邻近施工影响区之外的稳定区域，每个工程应不少于 3 个。

2　工作基点应选在相对稳定且方便使用的位置。对能直接使用基准点测定监测点的工程，可不设立工作基点。

3　基准点和工作基点应在施工前布置，经观测确定其稳定后方可使用。

4　邻近铁路营业线工程监测期间，应定期复核基准点和工作基点的稳定性，每月完成 1 次，确保基准点稳定。利用自动化监测管理系统可实时判断原始观测数据精度与设站精度，数据合格解算各监测点变化量，确保监测数据准确可靠。埋设元器件及设站精度应满足现行行业标准《邻近铁路营业线施工安全监测技术规程》（TB 10314—2021）及相关等级铁路工程测量规范规定。

4.1.7　智慧监测设备应根据监测项目、监测内容、监测方法及现场环境进行选择，应符合表 4.1.7 的规定。

表 4.1.7　智慧监测常规设备适用表

智慧监测项目	监测内容	智慧监测设备	设备参数
深层水平位移	围护墙及土体深层水平位移	智能测斜仪	读数精度为 ±0.25mm，分辨率应优于 ±0.02mm/500mm
水平位移	围护墙（边坡）顶部水平位移	智能全站仪、智能位移计、机器视觉摄像头	智能全站仪测角精度宜为 0.5″，棱镜测距精度宜为 0.8+1PPM。智能位移计位置精度宜为 ±0.2μm，测量距离宜为 1000mm。机器视觉摄像头测量精度可达到 0.3mm 以内。
	周边建筑水平位移		
	周边管线水平位移		
竖向位移	围护墙（边坡）顶部向位移	智能全站仪、智能静力水准仪、机器视觉摄像头	
	周边地表竖向位移		
	周边建筑竖向位移		

表 4.1.7（续）

智慧监测项目	监测内容	智慧监测设备	设备参数
竖向位移	周边道路与管线竖向位移	智能全站仪、智能静力水准仪、机器视觉摄像头	智能静力水准仪分辨率应不低于 0.01m，重复性误差应小于 0.05% FS，自动温度补偿范围应为 0 ～ 60℃，工作温度范围应为 −25 ～ 85℃，三防等级应不低于 IP67，能适应各种环境
	立柱竖向位移		
	铁路路基、墩台隧道竖向位移		
内力	围护墙内力	智能应力应变计	标距为 100mm 和 150mm，测量范围为拉伸和压缩 10 ～ 1500$\mu\varepsilon$，测量精度为 F.S ± 0.1%，温度测量范围为 −40 ～ 150℃，温度测量精度为 ± 0.5℃
	立柱内力		
	支撑轴力		
	杆（索）轴力		
	围护墙侧向土压力		
	孔隙水压力		
地下水位	地下水位	智能水位计	量测精度不宜低于 10mm，水位变化率应小于 60cm/min
倾斜	周边建筑倾斜	智能倾角仪、智能全站仪、静力水准仪	智能倾角仪精度达到 0.001° 以内
	接触网立柱及桥墩倾斜监测		
裂缝	周边建筑裂缝	智能裂缝计、智能位移计	智能位移计位移量程不低于 10mm，线性误差为 ± 0.5%，分辨率不高于 0.1μm，工作温度范围宜为 −25 ～ 85℃，工作电流宜不超过 12mA
	地表裂缝		
	支护结构构件裂缝		
振动速度和振动加速度	爆破或振动影响范围内建（构）筑物	智能测振仪	测量精度宜不低于 1%，动态范围在 95dB 以内，检测最低频率不低于 0.1Hz

条文说明

（1）当选用本表未列出的新型智慧监测设备时，其技术参数应符合本规程要求。

（2）邻近铁路营业线监测领域的新技术发展迅速，中铁上海设计院集团有限公司依托 2020 年度课题"涉铁监测关键技术研究和综合应用平台研发"，联合武汉大学引入视频摄像技术，形成了静动态亚毫米级变形自校准摄像监测方法，并应用于合肥双凤路下穿淮南线铁路监测。监测过程中选用红外发光标志作为永久性合作标志以保障夜间成像质量，在红外发光标志周围临时粘贴普通标志以标定相机，并在受施工影响较小的远处区域及待测目标点处分别布置后视不动点和前视测量点。机器视觉采集应用场景如图 4-1 所示。相机标定首先通过智能全站仪和相机分别获取合作标志的三维坐标和控制点的像点坐标，再根据上述坐标利用光束法平差进行相机内外参数的优化求解。

图 4-1　机器视觉采集应用场景

采用相机成像模型及标定方法、亚像素插值、三维信息恢复等解算方法进一步提高机器视觉测量系统的可靠性及精度。实验过程中采集并记录相机数据和机器视觉组合系统的测量数据，解算标靶点位水平位移和垂向位移信息，利用时间同步和机器视觉系统的标定参数完成相机传感器之间的数据融合，生成施工形变区域的基于绝对坐标系下的三维测点数据。最后，基于机器视觉系统采集的数据，利用本文中所提出的方法提取轨道的中心线，并进行中心线方程拟合，从而获取最优精度成果。试验布置示意如图 4-2 所示。

图 4-2　试验布置示意图

针对测量平台处在邻近施工过程中可能出现的明显三维姿态变化，开展了测量精度的稳定性试验。结果表明，修正平台三维姿态后，对目标点的测量精度均可达到 0.9mm 以内；针对桥墩可能会发生水平和（或）竖向的位移变化。试验结果表明，在桥墩发生位移变化后，测量精度均可达到 0.7mm 以内；此外，在中午大气抖动及温度影响最为显著的环境下，该监测系统通过消除大气抖动及温度的影响之后，测量精度可达到 0.7mm 以内。经长时间测量工况下的综合试验验证，测量精度可达到 0.3mm 以内，试验精度满足一等测量等级的相关要求。

4.1.8 智能监测设备应符合下列规定：

1　应有统一的设备识别码。

2　监测精度应满足现行国家或行业相关标准的规定，计量范围和有效使用年限应满足邻近施工监测的需要。

3　供电装置失常或设备出现异常错误的情况下，应具备更换提示及历史数据存储功能。

4　邻近铁路营业线工程监测设备应定期进行检查维护。

5　邻近铁路营业线工程监测设备应考虑电线敷设线路，合理考虑敷设走向，避免其受到损毁。

4.1.9　邻近铁路营业线工程监测项目可根据铁路运营设备设施实际情况和邻近施工特点分为必测项目和选测项目，应符合表4.1.9。

表4.1.9　必测项目和选测项目适用表

铁路监测区段	路基段	桥涵段	隧道段	站房段（附属设施）
必测项目	轨道竖向位移、轨道水平位移、路基竖向位移、路基水平位移、接触网支柱竖向位移、接触网支柱倾斜	墩台竖向位移、墩台水平位移、框架桥竖向位移、框架桥水平位移、墩台倾斜、箱涵竖向位移	轨道竖向位移、轨道水平位移、隧道结构竖向位移、隧道结构水平位移	轨道竖向位移、轨道水平位移、站房竖向位移、站房倾斜站台竖向位移、雨棚柱竖向位移、雨棚柱倾斜、接触网支柱竖向位移、接触网支柱倾斜
选测项目	挡墙墙顶水平位移、挡墙墙顶竖向位移、结构裂缝	接触网支柱竖向位移、接触网支柱倾斜、桥涵过渡段差异竖向位移、箱涵错台结构裂缝	结构变形缝差异变形、结构裂缝	站台雨棚柱水平位移、站台水平位移、地道竖向位移、天桥竖向位移、结构裂缝

条文说明

设计及安全评估时，可根据现场的实际情况对监测项目的选测项目内容进行调整。

4.1.10　路基变形监测包括路堤、路堑和滑坡变形监测。观测断面和观测点布置应根据地形、地质条件、地面环境、填挖断面和施工方法等因素综合确定。

4.1.11　铁路桥梁变形观测点应设在能反映变形特征的变形体上。大型铁路桥梁的变形监测，必要时应同步观测梁体和桥墩的温度、水位和流速、风力和风向。

4.1.12　铁路隧道变形监测项目和内容应根据埋深、地质条件、地面环境、开挖断面和施工方法等因素综合确定。铁路隧道变形监测应符合下列规定：

1　铁路隧道变形监测的各种传感器应布设在不良地质构造、断层、衬砌结构裂缝较多和其他变形敏感的部位。

2　应对距离开挖面较近的隧道断面、不良地质构造、断层和衬砌结构裂缝较多的隧道断面的变形进行监测。

3　隧道内的基准点应埋设在影响区外相对稳定的地方或隧道横洞内。必要时，应设立深层钢管标。

4 隧道底面回弹监测宜采用水准测量方法，隧道拱顶下沉监测可采用智能全站仪三角高程测量。

5 围岩收敛变形可采用极坐标法测量，也可采用收敛计进行监测。

4.1.13 监测点布置应满足《邻近铁路营业线施工安全监测技术规程》（TB 10314—2021）的要求，并符合下列规定：

1 选取的监测点应安全稳固，不易受到外界环境影响而发生变动或破坏。

2 应能反映监测点的变化过程且不遗漏其重要变化特征，并应符合监测方案要求。

3 监测点布置后应与相关铁路运输企业交底，防止线上作业造成损坏。

4.1.14 监测点应标识清晰、编号统一。监测点命名规则、观测墩和基准点命名规则见表4.1.14-1和表4.1.14-2。

表4.1.14-1 监测点命名规则

序号	设备类别	设备编码	里程编码	点号编序
1	智能测斜仪	CX	000	
2	智能全站仪	QZ	000	
3	智能静力水准仪	JL	000	
4	智能倾角仪	QJ	000	
5	智能应力应变计	YL	000	由小里程～大里程依次01、02…
6	智能渗压计	SY	000	
7	智能测振仪	CZ	000	
8	智能裂缝计	LF	000	
9	智能位移计	WY	000	

表4.1.14-2 观测墩与基准点命名规则

序号	类别	编码	编序
1	观测墩	GC	由小里程～大里程依次01、02…
2	基准点	JZ	

条文说明

埋设工作基点和基准点，在最小里程工作基点点号为GC01，最小里程基准点点号为JZ01，如上行线左侧第一个静力水准仪（位置于K100）为JL10001。邻近多条铁路施工且埋设观测墩数量较多，易发生混乱，则可在原有编码前加线路名称，如宁杭高铁缩写为"NH"，京沪高铁缩写为"JH"等。同时，考虑到现场监测点多，空间分布会有交叉，按照上下行线、面向大里程方向左右侧分别进行分类。编序规则为由小里程到大里程依次编号 01、02…，以此类推。示例：某项目从小里程 K100 开始在上行线左侧布设的第一个监测棱镜点号为 SLJC10001。如监测点、沉降监测点、静力水准仪、测斜仪只需在一侧布设，可以不区分左右侧，直接采用"编码"＋"点号"即可，如 JC10001、JC10002 等。

4.1.15 监测初始值采集应于邻近施工开始前完成，对监测点连续有效采集不应少于 3 次；数据稳定后，取平均值作为初始值。

4.1.16 监测频率应根据铁路营业线等级、监测等级及工程实施阶段确定，并符合表 4.1.16 的规定。

表 4.1.16 监测频率

监测周期及监测等级		铁路营业线等级	
		高速铁路	普速铁路
施工期间	一等	1 次/2h	1 次/2h
	二等	8 次/d	4 次/d
	三等	4 次/d	1~2 次/d
竣工 1 个月内	一等	4 次/d	1 次/2d
	二等	2 次/d	1 次/4d
	三等	1 次/d	1 次/2 周
竣工 1 个月		根据停测标准划分	

4.1.17 监测周期应从扰动地基基础施工的开始和结束计算，监测周期应包含施工期和竣工后 1 个月的数据稳定期。施工竣工后，高速铁路变形速率不大于 0.5mm/月，普速铁路变形速率不大于 1.0mm/月，方可停止监测。

4.1.18 当遇到下列情况时，邻近施工安全监测应适当扩大监测范围并提高监测等级：

1 轨下隧道、顶管及基坑周边土体以淤泥、淤泥质土或其他高压缩性土为主。
2 邻近施工存在不良地质体或特殊岩土层。
3 采用锚杆支护、注浆加固、高压旋喷桩等工程措施。
4 施工期间发生严重的涌砂、漏水、冒水、支护结构变形过大、邻近建（构）筑物及铁路运营设备设施变形过大。
5 邻近施工采用挤密桩。
6 新建铁路建设期已发现的显著差异变形地段。
7 铁路运输企业日常动、静态检查时线路状态出现持续变化且变化较大的地段。
8 铁路运营设备设施状态异常。

9 自然灾害引起监测对象变形异常。

4.1.19 当出现下列情况之一时，应提高监测频率或对个别点加强监测，并应及时向铁路运输企业报告监测结果：

1 监测数据达到预警、报警值。
2 监测数据持续变化较大。
3 邻近施工出现异常情况。
4 结构裂缝变大或出现明显新增裂缝。
5 暴雨等自然灾害引起的其他变形异常情况。
6 其他影响铁路运营设备设施使用安全的异常情况。

4.1.20 邻近铁路营业线工程智能监测设备与智慧监测平台终端设备之间的接口及数据通信协议应符合国家或行业内统一标准，具体应符合下列规定：

1 应具有采集、处理、上传和网络共享数据的功能。
2 应具备能够支持多种网络方式和通信信道相互切换功能，可根据现场网络通信稳定性和可靠性采用有线或无线形式传输。
3 应具有采集数据和上传数据的确认信号以及数据检核校验机制。

条文说明

自动化监测系统配设一个独立的工控采集模组、传输模组和供电模块组。中铁上海设计院集团有限公司依托 2020 年度课题"涉铁监测关键技术研究和综合应用平台研发"自研分布式测控终端，系统在极限工作温度时也要满足设计要求，工作温度、使用寿命和工作性能都须符合工程监测要求。

中铁上海设计院集团有限公司自研分布式测控终端采用无风扇工业计算机 NISE105U（图 4-3 ～ 图 4-5），该计算机基于 Intel ® Atom™ E3800 处理器，专为构建基于 IP 的智能系统而设计。NISE105U 每瓦可提供出色的性能，具有丰富的连接接口和高可靠性。另外，NISE105U 尺寸小巧，易于安装和维护。该计算机可满足自动化监测应用需求，适用于监测数据分析的数据采集服务器和高端基于 PC 的自动化控制器。

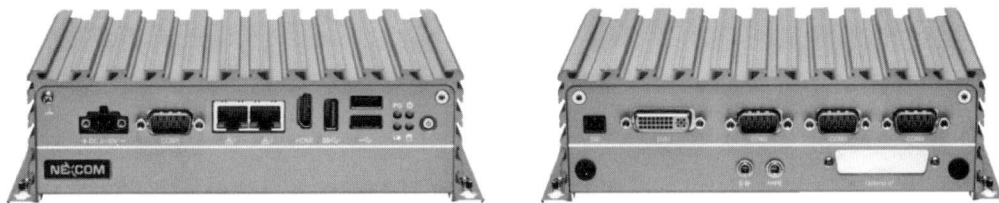

图 4-3　无风扇工业计算机 NISE105U 测控终端

该计算机的主要技术参数：①Intel ® Atom™ E3800 处理器；②最高支持 8GBDDR3 内存，硬盘容量 500G；③支持双显示全高清视频播放，支持 DirectX11；④支持 1 ×

USB3.0，2×USB2.0，2×Intel GbELAN，4×COM 端口；⑤1×Mini PCI-e 扩展槽可用于 LAN、现场总线和3G 通信模块；⑥支持 −20 ~ 70℃宽温运行。

图 4-4　分布式测控终端组装图

图 4-5　分布式测控终端现场使用图

4.1.21　巡视检查应符合下列规定：

1　邻近铁路营业线工程施工和使用过程中，每天均应安排专人进行巡视检查并记录检查情况。

2　巡视检查的内容包括施工工况、支护结构、支撑结构、周边环境及监测设施等信息。

3　巡视检查如发现异常和危险情况，应及时通知项目建设方及其相关单位。

4.2　深层水平位移

4.2.1　深层水平位移数据处理的原理是利用本期观测值按照公式计算本期位移。同时，与竖向位移类似，按照公式（4.2.1）计算深层水平位移的累计位移和变化速率等。

$$\Delta d_i = d_i - d_{i-1} \qquad\qquad (4.2.1)$$

式中：Δd_i——本期位移；

d_i——观测值；

i——监测期数。

4.2.2 邻近铁路营业线工程的深层水平位移智慧监测宜采用智能测斜仪，通过智能测斜仪观测各深度处水平位移的方法。

4.2.3 深层水平位移可采用滑动式智能测斜仪，也可采用固定式智能测斜仪进行量测。当采用滑动式智能测斜仪时，沿竖向测点间隔不应大于 0.5m；当采用固定式智能测斜仪时，测斜仪探头应合理布置。

4.2.4 测斜管应在基坑开挖和预降水至少 1 周前埋设。当基坑周边变形要求严格时，应在支护结构施工前埋设，测斜管埋设应符合下列规定：

1 测斜管的埋设可采用绑扎法、钻孔法以及抱箍法等。

2 埋设前应检查测斜管质量。测斜管连接时应保证上、下管段的导槽相互对准、顺畅，各段接头及管底应保证密封，测斜管管口、管底应采取保护措施。

3 测斜管埋设时应保持竖直，防止发生上浮、断裂、扭转，测斜管一对导槽的方向应与所需测量的位移方向保持一致。

4 当采用钻孔法埋设时，测斜管与钻孔之间的空隙应填充密实。

5 正式测量前宜使用探头模型检查测斜管导槽顺畅状态。

4.2.5 深层水平位移计算时，应确定起算点。当测斜管嵌固在稳定岩土体中时，宜以测斜管底部为位移起算点；当测斜管底部未嵌固在稳定岩土体时，应以测斜管上部管口为起算点，且每次监测均应测定管口位移，并对深层水平位移值进行修正。

4.3 水平位移

4.3.1 邻近铁路营业线工程水平位移智慧监测，可采用视准线法、小角度法、投点法、前方交会法、后方交会法、极坐标法等。当测点与基准点无法通视或距离较远时，可采用 GNSS 测量法或三角、三边、边角测量与基准线法相结合的综合测量方法。

条文说明

（1）采用投点法和小角度法时，应对经纬仪或智能全站仪的竖向轴倾斜误差进行检验。当竖向角超出 3°时，应进行竖向轴倾斜改正。

（2）采用激光准直法时，应在使用前对激光仪器进行检校。

（3）采用方向线偏移法时，对主要监测点，可以该点为测站测出对应基准线端点的边长与角度，求得偏差值。对其他监测点，可选适宜的主要监测点为测站，测出对应其他监测点的距离与方向值，按坐标法求得偏差值。

4.3.2 邻近铁路营业线工程测定任意方向的水平位移可采用边角前方交会法、边角后方交会法、导线测量法和极坐标法等，并应符合下列规定：

1　采用边角前方交会时，交会角宜为 $60° \sim 120°$，并宜采用三点交会。

2　采用边角后方交会时，宜采用全站仪后方交会，由三个及以上固定点测角、测边并求得测站坐标。

3　采用导线测量时，测量要求应参考对应的基准网测量要求。

4.3.3 邻近铁路营业线工程水平位移智慧监测基准点的埋设应符合国家现行标准有关规定，宜设置有强制对中的观测墩，采用智能全站仪、智能位移计进行量测，测角、测边水平位移监测网可以布置成边角网的形式。

条文说明

（1）采用强制对中装置的观测墩可以有效降低对中整平、量高及三脚架不稳定等影响，提高监测精度。

（2）水平位移监测网坐标系可以采用独立坐标系，也可以采用满足精度要求的既有工程坐标系。一次布网和测量的目的是消除监测网不同期测量引起的监测数据差异，定期复测是为了解决基准随着时间变化而精度不满足监测要求的问题。

（3）测角、测边水平位移监测网可以布置为近似等边三角形网，以保证边角网图形强度。三角形长短边边长不可悬殊过大，并要合理配置测角和测距的精度，发挥测角和测边精度的互补特性。

4.3.4 智能全站仪的测角精度宜为 $0.5''$，棱镜测距精度宜为 $1.5 \sim 3500\text{m}$，无棱镜测距精度宜为 $1.5 \sim 1000\text{m}$，相机分辨率不应低于 500 万像素，防尘、防水、防雨等级不应低于 IP65，防潮等级在湿度 95% 时应无冷凝现象。

4.4　竖向位移

4.4.1 竖向位移监测采用电子水准仪进行时，外业监测获得监测点的本期高程观测值，竖向位移数据处理的模型原理是利用本期高程观测值按照公式（4.4.1-1）和公式（4.4.1-2）计算平差后的本期高程，并按照公式计算本期位移、累计位移和变化速率等。

$$H_i = H'_i - i\,\frac{f}{n} \tag{4.4.1-1}$$

$$f = H'_0 - H_0 \tag{4.4.1-2}$$

式中：H_i——平差后的本期高程；

H'_i——观测高程；

f——高差闭合差；

i——测站序号；

n——闭合环上的测站个数；

H'_0——终点测站观测高程；

H_0——设定终点测站的已知高程。

4.4.2 邻近铁路营业线工程竖向位移智慧监测宜采用静力水准测量、自动化全站仪或电子水准仪测量。

4.4.3 采用静力水准测量进行竖向位移监测时，应符合下列规定：

1 应根据位移预警监控要求及观测精度选取相应精度和量程的静力水准传感器，宜采用连通管式静力水准设备。

2 当采用多组串联方式构成观测线路时，相邻测点交接处应在同一结构的上下处设置2个传感器作为转接点。

3 连通管式静力水准设备安装后，根据现场实际安装情况确定相应的测量修正系数。

条文说明

（1）静力水准仪自动化监测系统包括若干静力水准仪、储液罐、通气管、通液管、干燥罐、底板、采集仪等，基本原理如图4-6所示。基准点布置在预估超过变形的深度处或工程影响范围之外，且有必要对起算点的稳定性不定期检验分析，只有检验合格的数据，才能用于变形分析。

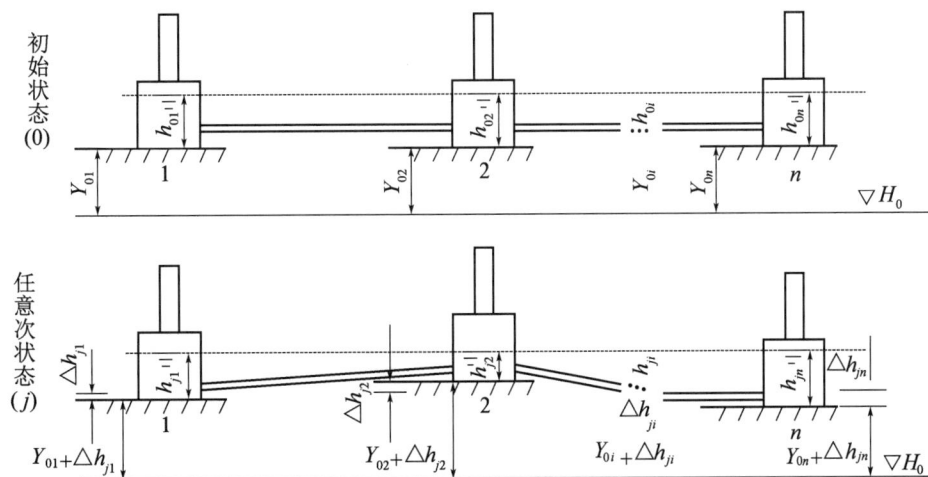

图4-6 静力水准仪自动化监测系统的测量原理

根据现场工作需要，切割液管、气管和通信线缆至合适长度，然后分别与静力水准仪上的相应接口连接。有一部分液管和气管需要连接储油罐和基点静力水准仪。安装连接时，需要注意松弛度和密闭性。根据现场环境选择合适的材料作为固定管，把液管、气管和通信线缆固定在线管内，注意施工时不得伤及通信线缆和液管。穿管完成后，建议将管线用U形固定夹固定，固定距离为50cm，以此类推。灌液时，要注意水压的高低平衡，液管内不得有气泡产生。如果发现气泡，要及时排除，否则会影响设备的精度。灌液后要认真检查，间隔24h后认真复查，不得有气泡滞留在液管内。

（2）结合国内"新建湖杭高铁站前工程邻近宁杭线施工变形监测"等邻近和并行既有铁路项目施工监测经验，并参照现行行业标准《运营高速铁路基础变形监测管理办法》（TG/GW 260—2015）、《高速铁路无轨道线路维修规则（试行)》（TG/GW 115—2012）、《高速铁路工务安全规则》（铁总运〔2014〕170号）等相关要求，在邻近铁路营业线施工监测项目中使用静力水准仪对线路轨道竖向位移进行监测时，按照图6布设。

（3）连通管式静力水准设备的安装条件限制是为了保证测量的重复精度和稳定性。由于设备容易受到温度的影响，安装时要尽量远离强热辐射源。中铁上海设计院集团有限公司依托2020年度课题"涉铁监测关键技术研究和综合应用平台研发"发明了"顾及温度误差对邻近铁路营业线工程监测高程波动的计算方法"，根据现场实际安装情况确定相应的测量修正系数。

4.4.4 采用智能全站仪进行竖向位移监测时，应符合下列规定：

1 所用智能全站仪的测角标称精度不应大于0.5″，观测精度应满足对监测对象竖向位移预警监控的要求。

2 应采用中间设站的观测方式，后视点、前视点均应设置棱镜或特制规牌。

3 作业方式、观测要求等均应符合现行行业标准的有关规定。

4.5 应力应变

4.5.1 邻近铁路营业线工程内力智慧监测宜采用安装在结构内部或表面的应力、应变传感器进行量测。

4.5.2 应根据监测对象的结构形式、施工方法选择相应类型的传感器。

4.5.3 应力应变监测传感器埋设前应进行标定和编号，导线应做好标记，并设置导线防护措施。

4.5.4 应力应变监测宜取土方开挖前连续3d获得的稳定测试数据的平均值作为初始值。

4.5.5 应力应变监测值宜考虑温度变化等因素的影响。

4.5.6 应力应变传感器应选择精度高、测量范围广、使用寿命长、性能稳定可靠的设备。其结构应简单、体积小、重量轻、频率响应较好，既可用于静态测量，又可用于动态测量，价格低廉，品种多样，便于选择和大量使用。

4.6 地下水位

4.6.1 邻近铁路营业线工程地下水位智慧监测宜采用智能水位计进行量测。

4.6.2 水位管宜在基坑预降水 1 周前埋设，并逐日连续观测水位以取得稳定初始值。

4.6.3 潜水水位管直径不宜小于 50mm；饱和软土等渗透性小的土层水位管直径不宜小于 70mm；承压水位监测时，被测含水层与其他含水层之间应采取有效的隔水措施。

4.7 倾斜

4.7.1 邻近铁路营业线工程倾斜智慧监测可采用智能倾角仪设备进行量测。采用人工方法时，可根据现场观测条件采用投点法、全站仪坐标法或差异竖向位移法等方法。

条文说明

倾斜监测内容根据设计文件和铁路运输企业的相关规定及需求来确定，包括接触网支柱、高架墩柱台、站房和雨柱棚等，还可以包括信号机柱、围墙等细高设备或结构物。倾斜测量常用的监测方法有投点法、全站仪坐标法和差异竖向位移法等。具体应用时，要根据监测项目的特点、精度要求、现场的观测条件及监测的安全性等综合选用。

4.7.2 倾斜监测应符合下列规定：
1 进行倾斜监测时，监测点标志宜采用固定的觇牌和棱镜，墙体上的监测点标志可采用埋入式照准标志。当不便安装埋设标志时，可粘贴反射片标志，也可利用满足照准要求的特征点。
2 当场地允许时，宜采用全站仪或经纬仪投点法。测站点宜选择在与倾斜方向成正交的方向线上，测站点距离照准目标不宜小于 1.5 倍的目标高度。底部观测点宜安置水平读数尺，全站仪或经纬仪应瞄准上部观测点标志，将上部观测点投影到底部，通过水平读数尺直接读取偏移量，正、倒镜各观测一次取平均值，并根据上、下观测点高度差计算倾斜度。
3 当采用水平角观测法时，应设置定向点，测站点和定向点应采用具有强制对中装置的观测墩。

4　当具有竖向通视条件时，可采用垂准法。应在下部观测点上安置激光垂准仪，在顶部观测点上安置接收靶，由接收靶直接读取或量取顶部水平位移量和位移方向，计算倾斜量。观测时应进行下部点对中，并按180°和90°的对称位置分别读取2次或4次位移数据。

5　当利用相对沉降量间接确定倾斜时，可采用水准测量或静力水准测量等方法通过测定差异沉降计算倾斜值和倾向方向。

4.8　裂缝

4.8.1　邻近施工混凝土、岩石和结构物等裂缝宜采用智能裂缝计或智能位移计进行量测。

4.8.2　设备安装时应考虑裂缝收缩与扩张两种情况，设备应安装在裂缝的法线方向。

4.8.3　智能裂缝位移计应监测裂缝的位置、走向、长度、宽度，必要时应监测裂缝深度，监测标志应具有可供量测的明晰端面或中心。

条文说明

因同一条裂缝不同位置的宽度不尽相同，首先要在现场标出监测具体位置，每次监测都在相同位置，确保数据监测准确性。因不同走向的裂缝对于监测结构的影响不同，所以要测定裂缝走向，便于后续对结构安全的分析判断。

（1）位置：现场根据公里标，通过距离测量确定裂缝的里程。

（2）走向：裂缝起始端和终端的连线与隧道纵轴线平行线的夹角，用量角器或罗盘在裂缝起始端处测量，从道路轴线处面向墙面观察，仰角为正，俯角为负。

（3）长度：裂缝起始端到终端的距离，用钢卷尺测量。

（4）宽度：用游标卡尺或裂缝计测量。

（5）形态：系指裂缝展布状态，可用如下术语描述。①平直：裂缝基本呈一条直线；②起伏：缝总体上呈一条直线，细部有弯曲起伏；③弧形：裂缝呈弧形；④分叉：裂缝从某一处向多于一个方向发展。

（6）裂缝发展状况要按照实际情况描绘在素描底图相应位置，对于裂缝发展较多、较密集的地方，可以进行拍照，并在素描底图中标注上该处的照片编号。

4.8.4　裂缝监测宜采用下列方法：

1　裂缝宽度监测宜在裂缝两侧贴埋标志，裂缝长度监测宜采用直接量测法。

2　裂缝深度监测采用超声波法、凿出法等。

条文说明

采用传感器自动采集裂缝数据时，需与人工监测数据对比，以校核自动化数据的准确性。

当裂缝变化速率快速增大时，人工监测已无法满足监测频率要求，要实时自动化监测，及时、准确获取裂缝的变化情况和发展趋势。

4.9 振动速度和振动加速度

4.9.1 邻近铁路营业线工程振动速度和振动加速度智慧监测宜采用智能测振仪进行量测。

4.9.2 监测测振仪技术参数和使用要求应符合现行国家标准的相关规定。

4.9.3 智能测振仪安装宜采用下列方法：

1 将智能测振仪的重心尽量对准振动台台面中心。

2 对有平衡位置指示器和水平仪的智能测振仪，应按要求进行各部位的调节；调节完毕后，须将可调部位锁紧。

3 智能测振仪的输出电缆应固定合适，防止检定时产生剧烈抖动、碰撞和摩擦现象。

4 非接触式智能测振仪应固定在刚性好且可调节初始间隙的支架上，智能测振仪与台体间不允许有相对运动。在检定过程中，应监视其变化是否超出规定的初始间隙。

4.9.4 邻近铁路营业线工程监测项目可为质点振动速度，但大跨度铁路桥梁有时以加速度作为安全允许控制指标，需设置加速度测点。

5　邻近施工智慧监测平台

5.1　一般规定

5.1.1　邻近施工智慧监测平台应采用主流成熟信息化技术，以提高监测项目生产效率，并应符合现行国家相关标准。

5.1.2　邻近施工智慧监测平台设计时，对邻近铁路营业线工程监测整体情况进行综合评价。根据综合评价结果，结合施工等级、重点或薄弱部位等因素，编制《邻近施工智慧监测专项技术方案》。

5.1.3　邻近施工智慧监测平台设计应符合下列规定：

1　通信接口应兼容所有主流测量传感器，保证平台的兼容性，且可接入多环境探测传感器。具备集成远程电源管理功能，可对异常设备冷启动，可解决设备导致的系统故障。

2　具备网络或服务器故障数据采集和同步，监测数据冗余存储，确保不丢失。

3　具备单测站、多测站、多设备组网监测及精度分析功能，可选择多种平差方式和模型。

4　具备人工巡查、监测数据采集、监测数据处理、监测结果查询和管理、监测信息反馈等基本功能，并实现监测成果可视化。

5　具备监测数据异常时，自动补测及提高频次等功能。

6　具备数据加密措施，保证数据传输的稳定性和保密性，确保数据的真实性和可靠性。

7　具备多种、多级报警设置，支持短信、电子邮件报警。

5.2　数据传输、存储与处理

5.2.1　邻近施工智慧监测平台应支持网络运行方式，可以与局域网和广域网互联，为其他平台提供数据接口或供其直接使用。用户可以控制中心驱动数据采集，显示测量数据，并进行数据计算分析，将数据直接保存至服务器中的数据库内。

5.2.2　邻近施工智慧监测平台可采用 md5 等签名方式以防止数据篡改，数据库 ID、数据传输内容的协议对照表如表5.2.2所示。

表5.2.2 协议对照表

序号	数据库 ID	值类型	数据传输内容
1	projectCode	String	建设项目编号
2	deviceInfo	JSONArray	多个监测设备信息
3	deviceCatagory	int	监测设备分类，枚举代码见"监测设备分类"
4	Height1	int	监测设备高度，单位0.01mm
5	code	String	设备唯一性代码，在本项目中要保持设备代码的唯一性
6	remark	String	监测设备描述
7	pArr	JSONArray	多个监测点的信息
8	pCode	String	设备唯一性代码，在本项目中要保持设备代码的唯一性
9	Height2	int	监测点高度，单位0.01mm
10	mainCatagory	int	监测点监测目标的大分类
11	subCatagory	int	监测点监测目标的小分类
12	railwayType	int	监测点监测铁路线的类型
13	funcType	int	监测点的功能类型

5.2.3 邻近施工智慧监测平台应结合施工工况、地质条件、环境气象条件以及其他相关监测项目的监测数据的变化进行数据自动处理。

5.2.4 邻近施工智慧监测平台对于结构化和非结构化数据的采集、预处理应由系统自动进行，数据处理应由专业人员负责。

5.2.5 邻近施工智慧监测平台具备数据可靠性判断功能，监测数据采集后应及时录入、处理采集的数据，并自动进行综合分析和反馈。

5.2.6 智能全站仪及智能水准仪人工监测数据存储包括原始数据、平差项目、成果表、复核数据、基准检核数据、质检数据、点之记及监测简报。

5.2.7 数据计算复核记录单应及时填写完整、签署齐全并完成电子化存档。

5.3 监测预警与报警

5.3.1 邻近施工智慧监测平台应对施工状况和周边环境通过智能化技术进行安全分

析、评价和预测。

5.3.2 邻近施工智慧监测平台应建立专家数据库系统，通过智能化技术对当前施工进行评价，指出施工中存在的问题和相应的技术对策。

5.3.3 邻近施工智慧监测平台在监测过程出现警情时，按下列规定处理：

1 应结合电子地图等可视化技术，通过短消息和监测预警报告等多级信息反馈机制，发出预警信号提醒。

2 应分别用红色、橙色和黄色表示达到控制值、报警值和预警值；为便于存储，数据库中依次将各预警等级映射为数值1、2、3。

3 报警信息应以快报的形式通知相关单位，快报主要内容包括：当判断风险工程达到报警值或发生重大突发风险事件时，应进行快报，报送内容主要为风险时间、地点、风险概况、原因初步分析及变化趋势、处理建议等。

4 邻近施工智慧监测平台宜针对不同层级、权限人员，分级预警，逐级上报。

5.3.4 智慧监测的数据成果应包括当日数据成果表、阶段性报告和总结报告，并宜用文字阐述与图表或图形相结合的形式表达。

5.3.5 数据发生预警、报警后，规定采取下列处置措施：

1 在综合分析、现场巡视及预判的基础上，第一时间向上级汇报，以便进一步采取预警或报警措施。

2 发生不可预判或难于分析的较大变形后，由监测单位提出降低施工强度、暂缓施工或停止施工的建议。设备管理单位应对线路状态进行检测，在分析后续连续观测期次的变形情况后，根据变形的发展趋势进行较低强度的施工，直至变形数据稳定、变形不再发展，经有关单位同意后方可恢复正常施工。

5.3.6 铁路运营设备设施监测预警值、报警值和控制值可按表5.3.6-1～表5.3.6-5确定。

表5.3.6-1　轨道位移变形监测预警值、报警值和控制值

监测项目		控制标准		
		累积量预警值（mm）	累积量报警值（mm）	控制值（mm）
高速铁路	轨道竖向位移	±1.2	±1.6	±2
	轨道水平位移	±1.2	±1.6	±2
普速铁路	轨道竖向位移	+1.8 −4.8	+2.4 −6.4	+3 −8
	轨道水平位移	±4.2	±5.6	±7

表 5.3.6-2　铁路桥梁变形监测预警值、报警值和控制值

监测项目			控制标准		
			累积量预警值 （mm）	累积量报警值 （mm）	控制值 （mm）
高速铁路	桥墩监测 （无砟轨道）	墩台竖向位移	±1.2	±1.6	±2
		墩台顶部、底部横线路水平位移	±1.2	±1.6	±2
		墩台顶部、底部顺线路水平位移	±1.2	±1.6	±2
高速铁路	桥墩监测 （有砟轨道）	竖向位移	±1.8	±2.4	±3
		墩台顶部、底部横线路水平位移	±1.8	±2.4	±3
		墩台顶部、底部顺线路水平位移	±1.8	±2.4	±3
普速铁路	墩台竖向位移	墩台竖向位移	+1.8 −4.8	+2.4 −6.4	+3 −8
	墩台顶部、底部横线路水平位移	墩台顶部、底部横线路水平位移	±4.2	±5.6	±7
	墩台顶部、底部顺线路水平位移	墩台顶部、底部顺线路水平位移	±4.2	±5.6	±7

表 5.3.6-3　铁路路基变形监测预警值、报警值和控制值

监测项目		控制标准		
		累积量预警值 （mm）	累积量报警值 （mm）	控制值 （mm）
高速铁路	无砟轨道	路基竖向位移	+1.2 −3.0	+1.6 −4.0	+2 −5
	有砟轨道	路基竖向位移	+1.8 −4.8	+2.4 −6.4	+3 −8
普速铁路	路基竖向位移	±6	±8	±10
	路基水平位移	±4.2	±5.6	±7
	接触网支柱竖向位移	±3	±4	±5
	接触网支柱倾斜	0.3%	0.4%	0.5%

表 5.3.6-4 基坑及支护结构监测预警值

序号	监测项目	支护类型	基坑设计安全等级								
			一级			二级			三级		
			累计值		变化速率（mm/d）	累计值		变化速率（mm/d）	累计值		变化速率（mm/d）
			绝对值（mm）	相对基坑设计深度H控制值		绝对值（mm）	相对基坑设计深度H控制值		绝对值（mm）	相对基坑设计深度H控制值	
1	围护墙（边坡）顶部水平位移	土钉墙、复合土钉墙、锚喷支护、水泥土墙	30~40	0.3%~0.4%	3~5	40~50	0.5%~0.8%	4~5	50~60	0.7%~1.0%	5~6
		灌注桩、地下连续墙、钢板桩、型钢水泥土墙	20~30	0.2%~0.3%	2~3	30~40	0.3%~0.5%	2~4	40~60	0.6%~0.8%	3~5
2	围护墙（边坡）顶部竖向位移	土钉墙、复合土钉墙、喷锚支护	20~30	0.2%~0.4%	2~3	30~40	0.4%~0.6%	3~4	40~60	0.6%~0.8%	4~5
		水泥土墙、型钢水泥土墙	—	—	—	30~40	0.6%~0.8%	3~4	40~60	0.8%~1.0%	4~5
		灌注桩、地下连续墙、钢板桩	10~20	0.1%~0.2%	2~3	20~30	0.3%~0.5%	2~3	30~40	0.5%~0.6%	3~4
3	深层水平位移	复合土钉墙	40~60	0.4%~0.6%	3~4	50~70	0.6%~0.8%	4~5	60~80	0.7%~1.0%	5~6
		型钢水泥土墙	—	—	—	50~60	0.6%~0.8%	4~5	60~70	0.7%~1.0%	5~6
		钢板桩	50~60	0.6%~0.7%	2~3	60~80	0.7%~0.8%	3~5	70~90	0.8%~1.0%	4~5
		灌注桩、地下连续墙	30~50	0.3%~0.4%		40~60	0.4%~0.6%		50~70	0.6%~0.8%	
4	立柱竖向位移		20~30	—	2~3	20~30	—	2~3	20~40	—	2~4
5	地表竖向位移		25~35	—	2~3	35~45	—	3~4	45~55	—	4~5
6	坑底隆起（回弹）		累计值 30~60mm，变化速率 4~10mm/d								
7	支撑轴力		最大值：（60%~80%）f_2			最大值：（70%~80%）f_2			最大值：（70%~80%）f_2		
8	锚杆轴力		最小值：（80%~100%）f_y			最小值：（80%~100%）f_y			最小值：（80%~100%）f_y		

表 5. 3. 6-4（续）

序号	监测项目	支护类型	基坑设计安全等级								
			一级			二级			三级		
			累计值		变化速率（mm/d）	累计值		变化速率（mm/d）	累计值		变化速率（mm/d）
			绝对值（mm）	相对基坑设计深度 H 控制值		绝对值（mm）	相对基坑设计深度 H 控制值		绝对值（mm）	相对基坑设计深度 H 控制值	
9	土压力		$(60\% \sim 70\%)\,f_1$			$(70\% \sim 80\%)\,f_1$			$(70\% \sim 80\%)\,f_1$		
10	孔隙水压力										
11	围护墙内力		$(60\% \sim 70\%)\,f_2$			$(70\% \sim 80\%)\,f_2$			$(70\% \sim 80\%)\,f_2$		
12	立柱内力										

注：1. 表中，H 表示基坑设计深度；f_1 表示荷载设计值；f_2 表示构件承载能力设计值，锚杆为极限抗拔承载力；f_y 表示钢支撑，锚杆预应力设计值。

2. 累计值取绝对值和相对基坑设计深度 H 控制值二者的较小值。

3. 当监测项目的变化速率达到表中规定值或连续 3 次超过该值的 70% 时，应预警。

4. 底板完成后，监测项目的位移变化速率不宜超过表中速率预警值的 70%。

表 5. 3. 6-5 基坑工程周边环境监测预警值

	监测项目			累计值（mm）	变化速率（mm/d）	备注
1	地下水位变化			1000 ~ 2000（常年变幅以外）	500	—
2	管线位移	刚性管道	压力	10 ~ 20	2	直接观察点数据
			非压力	10 ~ 30	2	
		柔性管线		10 ~ 40	3 ~ 5	
3	邻近建筑位移			小于建筑物地基变形允许值	2 ~ 3	—
4	邻近道路路基沉降	高速公路、道路主干		10 ~ 30	3	—
		一般城市道路		20 ~ 40	3	
5	裂缝宽度	建筑结构性裂缝		1.5 ~ 3（既有裂缝）0.2 ~ 0.25（新增裂缝）	持续发展	—
		地表裂缝		10 ~ 15（既有裂缝）1 ~ 3（新增裂缝）	持续发展	—

注：1. 建筑整体倾斜度累计值达到 2/1000 或倾斜速度连续 3d 大于 $0.0001H/d$（H 为建筑承重结构高度）时应预警。

2. 建筑物地基变形允许值应按《建筑地基基础设计规范》（GB 50007—2011）的有关规定取值。

5.4 数据发布与反馈

5.4.1 邻近铁路营业线工程监测成果信息发布提供的内容应真实、准确、完整，监测单位应对整个项目监测成果的真实性、可靠性负责，最终监测成果应有相关责任人签字确认。

5.4.2 监测单位应及时进行数据发布，数据发布内容应包括监测的数据成果资料，发布对象宜为工程有关各单位。

5.4.3 邻近铁路营业线工程监测成果内容应满足现行国家标准相关规定要求。监测数据成果表、变化曲线图宜自动生成，并包含完整信息。

5.4.4 邻近铁路营业线工程监测项目的各类数据成果表可采用本标准附录 A 的样式。

5.4.5 智慧监测平台应具有对历史数据处理、分析、统计和归档的信息反馈功能。

5.4.6 监测过程中的成果资料提交及相关情况通知的反馈宜采用信息化的方式。

5.4.7 项目结束归档资料包括：技术方案、会议纪要、培训交底记录、监测数据（原始数据、平差项目、成果表、复核数据、基准检核数据、质检数据、点之记及监测简报）、数据复核记录单、外业记录单、仪器检校记录、巡视记录、项目台账、技术总结等，并完成电子存档。

附录 A 监测项目各类数据成果表

A.1 监测项目技术、质量、安全交底及环境交底

工程名称：_____ 工程编号：_____

交底时间：_____年_____月_____日 交底地点：_____

交底内容：按测量任务书、技术方案和单位质量、环境及职业健康安全管理体系标准，进行工程测量技术、质量、安全及环境交底，其主要内容如下：

（一）技术、质量部分

□1. 监测方案需确认审批手续齐全，内审、监理审批、预审、最终审批等各审批阶段会议纪要及签字表、修改意见、修改确认表等签字盖章齐全，确认执行的技术方案为最终版本。

□2. 进场前严格按照方案向监理单位进行人员、设备报审，人员、设备证书需齐全。

□3. 现场踏勘需仔细，与工务部门和施工单位明确监测范围，严禁私自缩小或更改监测范围。

□4. 明确监测内容，严禁漏项。

□5. 明确点位布设方法、埋设位置、材料规格（埋设深度、钢筋尺寸、混凝土强度、棱镜等）。

□6. 明确监测方法、监测等级、使用仪器类型。

□7. 明确各监测分项预警值、报警值及各参建单位应急联系方式。

□8. 点位埋设完成以后采集首期成果，监测单位向监理单位、施工单位、设备管理单位现场点位和首期成果交底，并签署四方确认单。

□9. 监测日报无特殊原因，应每天打印签字盖章完全并送至相关单位；如有特殊条件无法每天送达，应征得相关单位书面同意后，方可按书面要求周期送达。

□10. 项目开展需建立好项目管理、安全、技术、监测资料等台账，以备检查。包括项目中标文件（如任务书、中标通知书等）、安全管理台账（如岗前安全考试、应急预案、安全预想、安全会议等）、人员管理台账（人员名单、工作证书、上线证、职称证书等）、设备管理台账（仪器清单、检校证书、设备排查记录、智能水准仪/全站仪检校记录等）、技术管理台账（方案、日报、周报、月报等、技术质量培训记录等）、沟通管理台账（与相关单位来往文件、报告签收单、上级单位通知等）。

□11. 每日监测数据应做好数据分析、数据复核签字，经由项目负责人或技术负责人或由项目负责人、技术负责人授权的专业组长审核签字确认后，方可进行报送。

□12. 如遇数据超预警值、报警值，应及时做出应急处理，及时汇报，做好数据分析。

（二）安 全 部 分

□1. 监测项目进场前应与设备管理单位做好沟通，在既有线 30m 营业线范围内开展埋设点位等作业，需征得设备管理单位同意。

□2. 既有线上作业时，应提前做好天窗申报、人员培训等工作（或与施工单位协调天窗），严格按照既有线线上作业要求，按天窗计划上下道。

□3. 在既有线内或附近埋设监测点时，须避开有通信缆、电力设施等区域；如必须在此区域埋设，须征得设备管理单位同意后，进行人工开挖。

□4. 在既有线附近埋设监测点时，须充分考虑棱镜等反光物体对列车行进产生的影响，以防影响火车正常运行。

□5. 基准点及设站点应尽量埋设至稳定、不易破坏的区域，埋设质量须严格把控，须保证点位的稳定。

□6. 基准点或设站点埋设较高时，应远离电气化区域、高压线、电力线、变压器等电力设施，按相关安全规定采取防护措施，以防止电击事故的发生；并且须做好防雷措施，避免设备、人身造成雷击伤害。

□7. 施工现场、监测设备、既有线路基桥墩等须按方案要求周期，定期巡视，及时记录现场施工状况、既有线安全性情况、监测设备稳定性情况；既有栅栏网内的监测设备须定期报天窗上线排查；自动化设备须定期排查信号传输、设备安装稳定性。

□8. 如发现线路附近构筑物、建筑物、道路等出现开裂、土体滑坡、倾斜等情况，须及时做出应急处理，做好拍照、测量裂缝等记录，及时汇报，做好数据分析。

□9. 施工现场环境复杂，应做好人身、设备的安全性保护工作，进入施工现场监测作业时未佩戴安全帽，严禁进入现场；登高作业时未佩戴安全绳和安全帽，严禁作业。

□10. 严禁酒后作业，出车前应做好车辆安全性检查工作，行车过程中应遵守交通规则。

□11. 与参建单位保持信息通畅。如现场遇到点位遮挡、破坏等情况，及时与各参建单位沟通协调，明确责任，及时采取措施，保障监测连续性。

（三）环 境 部 分

一、勘测现场环境保护

□1. 勘测中应注意保护环境，施测前进行环境保护基本知识的认知培训。

□2. 测量过程中组长提醒组员加强自身修养，保护环境，注重维护当地环境设施。

□3. 尊重并适应当地地理人文、风俗人情。

□4. 做到埋设控制点不得破坏当地植被，埋设剩余材料应带走并妥善处理。

□5. 测量过程使用的损耗品如油漆、毛笔等不得随意丢放，应带回并妥善处理。

□6. 随时携带的饮料、食品在使用后遗留的瓶、袋子应带走，不得遗留在测区内。

□7. 勘察工作应严禁捕捉野生动物。

□8. 严禁在林区烧火做饭、吸烟，防止火灾。

二、办公生活区环境保护

□1. 办公生活区应配置消防设施，人员应遵守相关制度，维护环境的文明整洁，维护设备设施完整。

□2. 宣传节约用水、用电、用纸，减少生活废水，减少水、电、纸张的浪费。

□3. 为食堂配备隔油池、除油烟、除尘、除蚊蝇及消毒设施。

□4. 办公及生活垃圾及时收集到指定地点，分类堆放，专门人员定期清运到处理场所。

□5. 食堂应将食物加工废料、食物残渣及剩饭等废弃物集中处置，严禁倒入下水道，并尽量使用无磷洗涤剂清洗餐具。

□6. 严禁向生活污水管线中倾倒或放置化学品、油品和其他污染物。

三、有毒有害废弃物的控制

□1. 施工现场设立封闭式存放区，不同性质、不同应急响应方法的物品应单独存放，提供适宜的贮存环境，使用密闭式容器贮存，防止泄漏。

□2. 专人负责保管，严格领用审批手续，做好发放记录，定期进行清点，控制库存量。

□3. 易燃、易爆及化学危险品、油品使用前，由项目技术负责人组织专业施工员进行技术交底，必要时进行应急准备和响应培训，严格按操作规程和产品使用说明执行。

□4. 施工过程按规范使用专用容器和工具进行操作，尽量避免遗漏。

□5. 对废弃物分类管理，有毒有害废弃物单独存放，设有防雨、防流失、防泄漏、防飞扬等设施，并进行"有毒有害"标识。

□6. 项目部应设专人负责有毒有害废弃物的管理，对其收集、运输、排放等环节进行监督。

四、火灾、爆炸事故的控制

□1. 对现场人员进行消防意识教育和消防知识培训，增强员工的消防意识。

□2. 办公、生活、生产区域规定配备环保型灭火器，做好应急准备。

□3. 建立和完善现场消防管理制度，每月进行一次消防安全检查，发现隐患及时整改。

五、防止扰民和民扰的措施

□1. 制定环境管理方案和实施措施，防止噪声污染、水污染及大气污染。

□2. 对环境污染尤其是噪声污染进行严格的监控，最大限度地降低噪声污染。

其他：

交底人员签字：
接受交底人员签字：

备注：

1. 工程测量技术、质量、安全及环境交底中各项内容请根据项目实际选择，并在前面打勾。

2. 参与项目的全体人员应在接受交底人员签字处签署。

A.2 观测墩、基准点、监测点布设和首期成果确认交底

我司已于_____年_____月_____日完成了对_____项目监测点位（含基准点位、工作基点及相应变形监测点位）的布设和首期初始数据的采集工作。

按照本项目监测方案要求及现场实际施工进展情况，在施工影响范围外埋设_____个基准点和_____个工作基点（观测墩）组成监测控制网，监测点按照施工范围内_____m 间距、施工范围外两侧按照_____m 间距延伸_____m 布设，共埋设_____个变形监测点。

为确保布设在现场的仪器设备设施、监测点位在监测过程中正常运行及仪器设备设施、监测点位的完整、不受破坏，我司将安排专人每日进行定时巡查和维护。各有关单位均应做好对本单位现场施工人员保护现场仪器设备设施、监测点位的宣传、教育工作，协助做好对现场仪器设备设施、监测点位的保护、监管工作。

因施工或作业要求需长时间遮挡仪器观测照准，应提前与我司有关负责人沟通协商。施工完毕后，有关责任单位将现场可能对仪器正常照准造成遮挡的机械、车辆、机具等挪至不影响正常监测的区域。

严禁任何单位及个人肆意破坏仪器设备设施、监测点位，如作业过程中不注意保护现场的仪器设备设施、监测点位，而造成其损坏，或在未经我单位允许的情况私自拆除仪器设备设施、监测点位的，将由相关责任单位承担赔偿、还建等相应责任。监测项目监测点首期成果表见表 A.2。

表 A.2 监测项目监测点首期成果表

监测点号	首期数据（m）			监测点位置	对应线路里程	备注
	X	Y	H			

_____监测项目监测点首期成果（_____年_____月_____日）

×××变形监测点位布设图如图 A.2 所示。

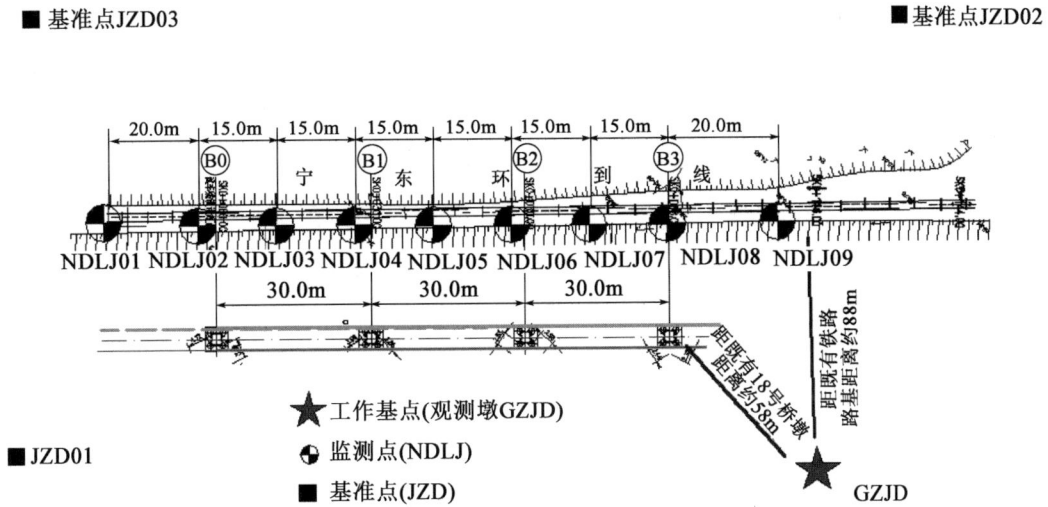

图 A.2　××××变形监测点位布设图

交底单位：
监测单位：_____　签字：_____　日期：_____

接受交底单位：
施工单位：_____　签字：_____　日期：_____

监理单位：_____　签字：_____　日期：_____

工务部门：_____　签字：_____　日期：_____

A.3　监测项目数据计算、复核记录单

项目名称：					
期次	监测对象	监测范围	监测内容	复核问题	改正情况
				计算人：　　复核人：　　验证人：	
				计算时间：　复核时间：　验证时间：	

续上表

项目名称：					
期次	监测对象	监测范围	监测内容	复核问题	改正情况
				计算人： 复核人： 验证人：	
				计算时间： 复核时间： 验证时间：	
				计算人： 复核人： 验证人：	
				计算时间： 复核时间： 验证时间：	

A.4 进场仪器设备验收审批表

工程项目名称：　　　　　　　　　　　　　　　　　　编号：

致＿＿＿＿＿＿＿＿＿＿＿＿＿＿＿＿（项目监理机构）：
　　下列仪器设备按合同约定已进场，并经我方检查，能满足监测工作需要，请审验签证并准予使用。

　　　　　　　　　　　　　　　　项目负责人：＿＿＿＿＿＿＿
　　　　　　　　　　　　　　　　日　　　期：＿＿＿＿＿＿＿

序号	仪器设备名称	规格及型号	数量	技术状况	进场日期	使用工点	备注	监理审验意见

审验结论：

　　　　　　　　　　　　　　　　专业监理工程师：＿＿＿＿＿＿＿
　　　　　　　　　　　　　　　　日　　　期：＿＿＿＿＿＿＿

A. 5 监测人员报审表

工程项目名称：   编号：

致＿＿＿＿＿＿＿＿＿＿＿＿＿＿＿＿（项目监理机构）：

    下列人员已进场，并满足合同约定，请予以审查。

    附：人员资格证明复印件。

项目负责人：＿＿＿＿＿＿＿

日   期：＿＿＿＿＿＿＿

序号	姓名	性别	出生年月	职务	学历	专业	专业年限	备注	监理审查意见

审查结论：

总监理工程师：＿＿＿＿＿＿＿

日   期：＿＿＿＿＿＿＿

A.6 监测点位调整报审表

致：

_____（项目监理机构）

由于××××× （填写监测点调整变更原因），现申请_____ （项目名称）中×××监测点变更，请审核。

项目负责人：_____   日　　期：_____

变更内容：

监测点位编号	对应铁路里程	变更原因简要说明	备注

变更为下表：

监测点位编号	对应铁路里程	备注

项目监理机构复审意见：

专业监理工程师：_____

日　　期：_____

A.7 监测项目资料报送签收记录

<table>
<tr><td colspan="5" align="center">_____监测项目资料报送签收记录</td></tr>
<tr><td align="center">报送日期、期次</td><td align="center">资料类型</td><td align="center">签收单位</td><td align="center">签收人</td><td align="center">签收时间</td></tr>
<tr><td></td><td></td><td></td><td></td><td></td></tr>
<tr><td></td><td></td><td></td><td></td><td></td></tr>
<tr><td></td><td></td><td></td><td></td><td></td></tr>
<tr><td></td><td></td><td></td><td></td><td></td></tr>
<tr><td></td><td></td><td></td><td></td><td></td></tr>
<tr><td></td><td></td><td></td><td></td><td></td></tr>
<tr><td></td><td></td><td></td><td></td><td></td></tr>
<tr><td></td><td></td><td></td><td></td><td></td></tr>
<tr><td></td><td></td><td></td><td></td><td></td></tr>
<tr><td></td><td></td><td></td><td></td><td></td></tr>
<tr><td></td><td></td><td></td><td></td><td></td></tr>
<tr><td></td><td></td><td></td><td></td><td></td></tr>
<tr><td></td><td></td><td></td><td></td><td></td></tr>
<tr><td></td><td></td><td></td><td></td><td></td></tr>
<tr><td></td><td></td><td></td><td></td><td></td></tr>
<tr><td></td><td></td><td></td><td></td><td></td></tr>
<tr><td></td><td></td><td></td><td></td><td></td></tr>
<tr><td></td><td></td><td></td><td></td><td></td></tr>
<tr><td></td><td></td><td></td><td></td><td></td></tr>
<tr><td></td><td></td><td></td><td></td><td></td></tr>
<tr><td></td><td></td><td></td><td></td><td></td></tr>
<tr><td></td><td></td><td></td><td></td><td></td></tr>
<tr><td></td><td></td><td></td><td></td><td></td></tr>
<tr><td></td><td></td><td></td><td></td><td></td></tr>
<tr><td></td><td></td><td></td><td></td><td></td></tr>
<tr><td></td><td></td><td></td><td></td><td></td></tr>
<tr><td></td><td></td><td></td><td></td><td></td></tr>
<tr><td></td><td></td><td></td><td></td><td></td></tr>
</table>

A.8 监测项目人员变更申请单

＿＿＿＿＿＿＿＿＿＿＿＿＿＿＿＿＿＿＿＿＿＿＿＿（项目业主或代建单位）：

由我单位承担的＿＿＿＿＿＿＿＿＿＿＿＿＿＿＿＿＿＿＿＿项目，由于项目机构人员变动，需对相关人员进行变更。

请批准！

监测单位（项目）章

日　　期：＿＿＿＿＿＿＿＿＿

原项目人员：

序号	姓名	担任职务	身份证号	备注

变更后人员：

序号	姓名	职务	身份证号	备注

复审意见：

主管工程师：＿＿＿＿＿＿＿＿＿　　　　　（项目业主或代建单位章）

工程部长：＿＿＿＿＿＿＿＿＿　　　　　　日　期：＿＿＿＿＿＿＿＿＿

A.9 监测数据预警、报警工作联系单

工程名称		编号	
建设单位		监理单位	
设计单位		施工单位	
联系事由		关于××××监测数据超过预警/报警事宜	
是否回复			
内容	（一）施工工况： （二）监测数据： （三）监测措施： （四）原因简析： （五）监测建议：		
回复意见			

主送单位	抄送单位	签发
		签发人： 中铁上海设计院集团有限公司 ××××项目部 年　　月　　日

A. 10 监测频次变更申请单

致＿＿＿＿＿＿＿＿＿＿＿＿＿＿＿＿＿（监理单位）：

由我单位承担的＿＿＿＿＿＿＿＿＿＿＿＿＿＿＿＿＿＿＿项目，由于＿＿＿＿＿＿＿＿＿＿＿＿＿，现对相关监测区段监测频次进行变更。

请批准！

项目负责人：＿＿＿＿＿

日　　　期：＿＿＿＿＿

原监测频次：

监测区段	监测点位	备注

变更后监测频次：

监测区段	监测点位	备注

审核意见：

专业监理工程师：＿＿＿＿＿＿＿

日　　　期：＿＿＿＿＿＿＿

A.11 巡视记录表

日期：_____ 天气：_____ 巡视人员：_____

监理人员：_____

检查项目		发现问题	处理情况	备注
安全巡视	铁路桥墩有无裂缝			
	基坑支护等有无裂缝、坍塌出现			
	周边地面有无裂缝、沉陷			
	施工现场其他情况			
基准点	基准点稳固性、有无遮挡			
监测点涉铁部分	铁路桥墩 铁路路基			
监测点 基坑部分	基坑桩顶			
	桩身测斜			
	地下水位			
	支撑轴力			
	支撑应力			
	建构筑物			

A.12 晴雨表

月份	日期																																晴	雨	雪	霜
	1	2	3	4	5	6	7	8	9	10	11	12	13	14	15	16	17	18	19	20	21	22	23	24	25	26	27	28	29	30	31				
一月																																			
二月																																			
三月																																			
四月																																			
五月																																			
六月																																			
七月																																			
八月																																			
九月																																			
十月																																			
十一月																																			
十二月																																			
总计：																																			

A.13 监测项目风险评估表

项目名称：				现场负责人：	
项目地点：				计划进场日期：	

工程类型			施工条件 （ ）邻营 （ ）上跨 （ ）箱涵顶进 （ ）顶管 （ ）桥梁下穿	风险等级	备注 （施工工艺 及现场条件的特殊 情况说明等）
风险源	桩基施工	距路基坡脚 或桥墩边缘≤5m		（ ）低风险 （ ）中风险 （ ）高风险	
		距路基坡脚或桥墩 边缘≥5m 且≤15m			
		距路基坡脚或 桥墩边缘≥15m			
	基坑			（ ）低风险 （ ）中风险 （ ）高风险	
	便梁			（ ）低风险 （ ）中风险 （ ）高风险	
	工程地点		（ ）一类地区 （ ）二类地区 （ ）三类地区	（ ）低风险 （ ）中风险 （ ）高风险	
	地质条件		（ ）A 类地质 （ ）B 类地质 （ ）C 类地质	（ ）低风险 （ ）中风险 （ ）高风险	
	其他施工			（ ）低风险 （ ）中风险 （ ）高风险	

项目负责人意见（对项目风险等级综合评定或项目开展过程中的主要指导意见）：

主管总工意见（对项目风险等级综合评定或项目开展过程中的主要指导意见）：

本标准用词说明

1 为便于在执行本标准条文时区别对待，对要求严格程度不同的用词说明如下：

1）表示很严格，非这样做不可的用词：

正面词采用"必须"，反面词采用"严禁"。

2）表示严格，在正常情况下均应这样做的用词：

正面词采用"应"，反面词采用"不应"或"不得"。

3）表示允许稍有选择，在条件许可时首先应这样做的用词：

正面词采用"宜"，反面词采用"不宜"。

4）表示有选择，在一定条件下可以这样做的用词，采用"可"。

2 条文中指明应按其他有关标准执行的写法为"可按……执行"或"应符合……的规定"或"应按……执行"。

引用标准名录

1　《工程测量标准》（GB 50026）

2　《建筑基坑工程监测技术标准》（GB 50497）

3　《建筑地基基础设计规范》（GB 50007）

4　《国家一、二等水准测量规范》（GB/T 12897）

5　《测绘成果质量检查与验收》（GB/T 24356）

6　《头部防护安全帽》（GB 2811）

7　《防护服装　职业用高可视性警示服》（GB 20653）

8　《建筑变形测量规范》（JGJ 8）

9　《铁路工程测量规范》（TB 10101）

10　《改建铁路工程测量规范》（TB 10105）

11　《邻近铁路营业线施工安全监测技术规程》（TB 10314）

12　《高速铁路工程测量规范》（TB 10601）

13　《高速铁路线路维修规则》（TG/GW 115）

14　《运营高速铁路基础变形监测管理办法》（TG/GW 260）

涉及专利和专有技术名录

[1] 中铁上海设计院集团有限公司．一种顾及温度误差对涉铁监测高程波动的计算方法：中国，202110082750.8［P］．2022-11-6.

[2] 中铁上海设计院集团有限公司．一种智能磁浮动力多态测量棱镜及其应用方法：中国，202011109234.1［P］．2023-8-15.

[3] 中铁上海设计院集团有限公司．一种高铁直线段多模 AI 精测机器人：中国，202011109683.6［P］．2022-11-6.

[4] 中铁上海设计院集团有限公司．一种用于长大线铁路地形航测的无人机动力装置：中国，202011108637.4［P］．2022-5-6.

[5] 中铁上海设计院集团有限公司．一种适用于邻近既有高速铁路自动化监测仪器防盗装置：中国，20210165828.8［P］．2021-08-6.

[6] 中铁上海设计院集团有限公司．一种涉铁自动化监测分布式工控机应急处理装置：中国，20210166589.8［P］．2021-08-6.

[7] 中铁上海设计院集团有限公司．一种适用于邻近既有高速铁路自动化监测的全站仪防护装置：中国，20210166567.1［P］．2021-11-16.

[8] 中铁上海设计院集团有限公司．一种适用于邻近既有高速铁路自动化监测气象改正分布棱镜：中国，20210166588.3［P］．2021-11-16.

[9] 中铁上海设计院集团有限公司．一种涉铁自动化监测分布式工控机监测装置：中国，20210165852.1［P］．2021-8-6.

[10] 中铁上海设计院集团有限公司．一种集成式邻近既有高速铁路自动化监测工控机装置：中国，202120165782.X［P］．2021-8-6.

[11] 中铁上海设计院集团有限公司．一种适用于邻近既有高速铁路自动化监测的测站固定装置：中国，202120165783.4［P］．2021-12-21.

[12] 中铁上海设计院集团有限公司．一种适用于邻近既有高速铁路自动化监测的全站仪防护套：中国，202120165783.4［P］．2022-11-6.

[13] 中铁上海设计院集团有限公司．一种波形钢腹板槽型组合梁：中国，202020913251.X［P］．2021-2-2.

[14] 中铁上海设计院集团有限公司．一种无两脚对中支架的强制对中杆：中国，202123236430.8［P］．2022-11-6.

[15] 中铁上海设计院集团有限公司．一种天线高度测量装置：中国，201821588747.3［P］．2019-4-2.

［16］中铁上海设计院集团有限公司．一种模块化测量标志装置：中国，201821589316.9［P］.2019-4-19.

［17］中铁上海设计院集团有限公司．一种辅助扶尺的尺托：中国，201920982093.0［P］.2019-12-27.

［18］中铁上海设计院集团有限公司．一种桥墩沉降自动化监测系统：中国，201920982522.4［P］.2019-12-24.

［19］中铁上海设计院集团有限公司．一种适用于高铁运营期监测挡砟墙段的线上CP2测量装置：中国，202120166613.8［P］.2020-1-10.

［20］中铁上海设计院集团有限公司．一种CPⅢ高程测量装置：中国，201920982097.9［P］.2019-12-27.

［21］中铁上海设计院集团有限公司．一种基于无接口基座的高铁监测线上CPII的测量装置：中国，202020049824.9［P］.2020-8-28.

［22］中铁上海设计院集团有限公司．一种用于高铁监测线上CPII测量的测量装置：中国，202020049466.1［P］.2020-8-28.

［23］中铁上海设计院集团有限公司．一种高铁运营期监测线上测量埋点装置：中国，202020049439.4［P］.2020-12-8.

［24］中铁上海设计院集团有限公司．一种拧扣式水准仪观测装置：中国，202020049438.X［P］.2020-12-8.

［25］中铁上海设计院集团有限公司．一种适用于涉铁市政航测的仿地移动式像控点标志：中国，202120165830.5［P］.2021-08-06.

［26］中铁上海设计院集团有限公司．铁路轨道及构筑物变形监测系统：中国，2022SR1596755［P］.2022-4-10.

［27］中铁上海设计院集团有限公司．基于光纤震动的涉铁监测智能安防报警程序：中国，2022SR1445879［P］.2022-7-4.

本文件的发布机构提请注意，声明符合本文件时，可能涉及到相关专利的使用。

本文件的发布机构对于该专利的真实性、有效性和范围无任何立场。

该专利持有人已向本文件的发布机构保证，他愿意同任何申请人在合理且无歧视的条款和条件下，就专利授权许可进行谈判。该专利持有人的声明已在本文件的发布机构备案。

请注意除上述专利外本文件的某些内容仍可能涉及专利。本文件的发布机构不承担识别这些专利的责任。

Q/CRCC 12503—2024

ISBN 978-7-114-20286-5

9 787114 202865 >

定 价：35.00元